LE TRAITÉ

ENTRE LE

PÉROU ET LA COLOMBIE

ET

LE PROCÈS-VERBAL

SIGNÉ A WASHINGTON

LE 4 MARS 1925

La conduite amicale du Brésil envers les deux grandes nations voisines et le point de vue de l'Itamaraty en face du nouveau Traité, en combinaison avec les traités de 1851 (Pérou-Brésil) et 1907 (Colombie-Brésil),

(Extrait du *Jornal do Commercio* de Rio-de-Janeiro).

A. PÉDONE, Éditeur
13, Rue Soufflot, PARIS
1929

LE TRAITÉ

ENTRE LE

PÉROU ET LA COLOMBIE

ET

LE PROCÈS-VERBAL

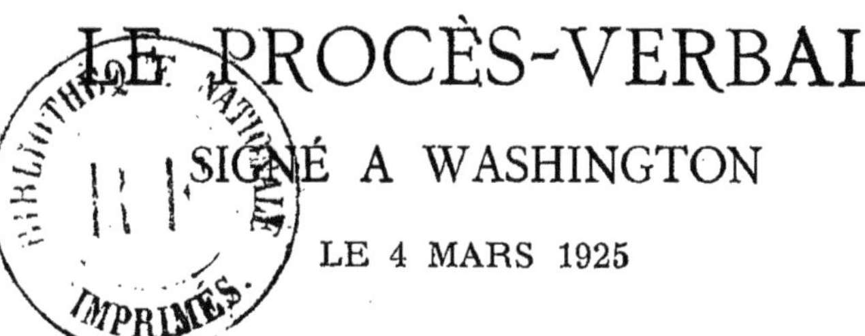

SIGNÉ A WASHINGTON

LE 4 MARS 1925

La conduite amicale du Brésil envers les deux grandes nations voisines et le point de vue de l'Itamaraty en face du nouveau Traité, en combinaison avec les traités de 1851 (Pérou-Brésil) et 1907 (Colombie-Brésil),

(Extrait du *Jornal do Commercio* de Rio-de-Janeiro).

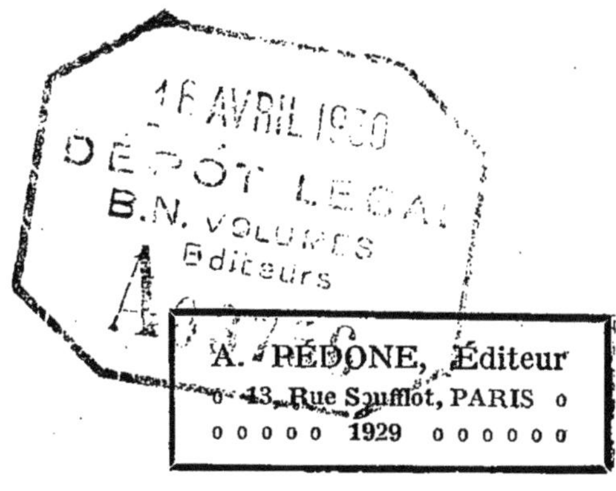

A. PEDONE, Éditeur
13, Rue Soufflot, PARIS
1929

UNE LETTRE

DE L'ANCIEN MINISTRE DES AFFAIRES ETRANGÈRES,
M. FÉLIX PACHECO, AU SECRÉTAIRE D'AMBASSADE,
M. FONSECA HERMES JUNIOR.

Ainsi que nous avons eu l'occasion de l'annoncer, l'ancien Ministre des Affaires Etrangères, notre directeur M. Félix Pacheco, lors de la signature récente du traité de limites avec la Colombie, par MM. Octavio Mangabeira et Garcia Ortiz, reçut à Paris, où il se trouve actuellement, plusieurs lettres de félicitations pour l'accomplissement de ce grand acte international, simple corollaire du Procès-Verbal signé à Washington le 4 mars 1925, qui constitue, sans aucun doute, un énorme service rendu au Brésil par le Gouvernement de l'éminent président Arthur Bernardes. Nous pouvons publier, aujourd'hui, la réponse de M. Félix Pacheco à l'une de ces lettres.

Paris, le 17 décembre 1928.

Mon cher et distingué ami Dr Fonseca Hermes Junior,

Je dois commencer par vous prier d'excuser le retard que je mets à répondre à votre si intéressante lettre du 20 du mois dernier, qui m'a causé un sincère et profond plaisir.

J'étais déjà, du reste, en faute envers vous, puisque je ne vous avais pas encore remercié de la visite que vous avez bien voulu, avec votre épouse, me faire ainsi qu'à ma femme, lors de votre passage à Paris. Mais votre séjour dans cette capitale a été si bref que, pour cette raison même, je me sens excusé.

Soyez assuré que votre lettre occupera dans mes archives la place particulière où je ne garde que les choses qui me touchent vraiment au sentiment et à l'intelligence.

Je n'ai pas pu résister au désir d'aller immédiatement la montrer et la lire au président Bernardes, qui a pris une part si prépondérante et si importante à l'affaire dont elle traite, en me donnant des instructions fréquentes, que j'ai toujours tâché de suivre, dans le sens le plus ample des convenances et des intérêts du Brésil, avec la collaboration assidue des deux excellents techniciens de la Direction des Affaires Etrangères, dont M. Zacarias de Goes est le chef : MM. Araujo Jorge et Mario Vasconcellos, à qui je dois ajouter MM. Abelardo Roças, Moraes Barros, Souza Leâo Gracie et Argeu Guimarâes, qui m'ont prêté leur concours précieux.

Le Président a vivement apprécié la justesse de vos observations et le grand sens politique que vous témoignez dans ce document. On voit que vous avez été à bonne école chez vous ; mon ancien collègue et maître, le Dr Fonseca Hermes, dont je ne prononce jamais le nom sans un sentiment de gratitude, aura de bonnes raisons de s'enorgueillir des qualités de discernement, de culture et de patriotisme de son fils.

Malheureusement, ce don primordial du sens politique manque à bon nombre de nos hommes de la « carrière ».

En fait, la plupart des diplomates brésiliens ne savent pas s'évader, avec facilité, du cadre étroit de la diplomatie, pour tenter de découvrir en dehors d'elle quelque chose qui leur suggère ou leur démontre les avantages de certaines solutions étrangères à leur critère professionnel limité. Les plus instruits et les plus diligents ne vont presque jamais au delà des préoccupations d'ordre juridique, qu'ils estiment devoir suffire à leur métier délicat et complexe.

Le traité avec la Colombie est une éloquente démonstration de la force avec laquelle ce critère politique prime les critères diplomatiques et juridiques purs. Des problèmes auxquels la diplomatie ne trouve aucune issue à l'aide des règles habituelles du Droit, rencontrent parfois une solution politique à même de satisfaire parfaitement tout le monde.

Ceci devait fatalement se produire dans le cas de la question qui fut soulevée pour nous, à l'improviste, par le Pérou. Celui-ci, dans le plein exercice de son droit, mais négligeant tout avis préalable au Brésil, avait négocié avec la Colombie un traité concernant les limites que le Pérou lui-même avait déjà fixées avec nous depuis 1851.

Le Président de la République et son obscur Secrétaire d'Etat aux Affaires Etrangères perçurent aussitôt très nettement l'immense répercussion politique que devait avoir cet important arrangement. Des événements internationaux se déroulant simultanément dans des pays proches ou limitrophes, aux intérêts qui s'entremêlent ou s'opposent, ne doivent jamais être envisagés comme des faits sans connexion les uns avec les autres. Il faut, au contraire, les considérer dans la complexité totale de leurs aspects, étudier avec attention tous leurs points de contact évidents ou même apparents qu'ils puissent, par hasard, présenter au cours de leur développement. Autrement, nous n'arriverons jamais à définir exactement les situations auxquelles nous aurons à faire face dans les cas de ce genre.

On pénètre sans effort le sens d'accords ostensibles, négociés en pleine lumière. Mais, quand deux parties négocient entre elles sans rien publier, un traité qui peut léser un tiers, l'intéressé qui n'a pas été entendu est, évidemment, en droit de désirer savoir quelle est la nature du traité dont il s'agit, afin de se prémunir contre toute surprise du lendemain.

Nous avons toujours professé un respect religieux pour les souverainetés des autres pays, nous les avons toujours considérés comme libres de signer les conventions qui leur convenaient. Mais, dans le cas particulier, il y avait une circonstance tout à fait spéciale : le Pérou, en traitant avec la Colombie, lui cédait une bande de territoire située exactement le long de la ligne géodésique établie par lui-même avec nous, depuis déjà presque trois quarts de siècle. Et comme la Colombie prétendait, bien longtemps avant notre entente avec le Pérou, à la possession, à l'Orient de cette ligne, d'une large zone allant jusqu'au « furo » (espèce de canal) « Avati-Paraná », limitée en haut par le Japurá, en bas par l'Amazone lui-même, et renfermant, par conséquent, le cours du bas Içá, il était clair que notre voisin et ami du Haut Solimões, rouvrait ainsi, et sans que nous eussions pu le prévoir, une question que nous avions le droit indiscutable de considérer comme liquidée de son côté.

Mais nous avions nous-mêmes ébranlé en quelque sorte, je ne dirai pas la solidité de ce droit, mais tout au moins l'effectivité de la situation dont nous jouissions du fait du traité de 1851. Nous avions, en effet, expressément spécifié dans le traité Cobo-Enéas Martins, négocié en 1907 entre la Colombie et le Brésil, que la Colombie pourrait discuter avec notre patrie, si, par hasard, elle obtenait « gain de cause » dans son litige avec le Pérou, au sujet de la zone frontière ci-dessus.

Il est vrai que l'expression « gain de cause » ne pouvait avoir une autre interprétation que celle que lui avait donnée notre ministre du moment à Lima, M. Roças, c'est-à-dire : victoire et sentence dans une affaire d'arbitrage régulière, ce qui différait totalement des avantages obtenus par un traité de compensation négocié entre deux parties, directement, et dans le plus grand secret, sans que le Brésil, également intéressé à la question, en eût connaissance.

Notre éminent conseiller juridique, le Dr Clovis

Bevilaqua, confirmant cette interprétation, souligna, fort justement, que, « res inter alios », nous ne devions pas trop nous inquiéter; il importait peu, en effet, que le Pérou restât de l'autre côté de la ligne, fixée avec lui en 51 et marquée sur le terrain par nous deux en 74, ou que la Colombie l'y remplaçât.

Dans la discussion que la Colombie, champion retardataire, mais toujours intransigeant de la vieille doctrine de l'« uti possidetis juris », jugeât nécessaire d'entamer avec nous pour défendre ses anciennes aspirations, nous saurions soutenir, avec les meilleurs arguments logiques, nos titres légitimes de longue possession et de domination tranquille et pacifique.

Les choses ne s'étaient pas passées autrement dans la région du Memachi, à la frontière du Vénézuela.

Voilà donc les aspects concrets et visibles de la question. Tout ceci, cependant, se liait avec d'autres manifestations de la politique internationale du Pacifique, tout autant que de la politique intérieure des deux pays.

Ces traits caractéristiques éventuels s'accentuaient dans l'évolution de la délicate affaire de Tacna et Arica, confiée à l'arbitrage des Etats-Unis; justement, ceux-ci s'efforçaient d'arriver à une politique de conciliation avec la Colombie, qui tout en s'enorgueillant à juste titre de son origine bolivarienne est toujours restée, de même que la nation brésilienne, une des meilleures amies du Chili en Amérique du Sud.

Le sens profond du panaméricanisme que possède le Brésil ne pouvait pas ne pas saisir cette profusion et cette quantité d'intérêts si divers, en apparente opposition à notre légitime intérêt national, parfaitement fondé en droit sur la tradition et sur la continuité ininterrompue de la possession.

Le devoir de l'Itamaraty était de sauver la situation du domaine dont nous avions depuis longtemps la jouissance, sans porter préjudice à la cordialité que nous avons désiré toujours voir assurée entre tous les membres de notre grande famille continentale.

Et, pour rester fidèles à cette pensée, notre simple présence, même dans ce concours de circonstances, devait s'exercer et cela eut en effet lieu, de la manière la plus discrète et la plus attentive.

Ce scrupule, je puis le dire avec orgueil, fut poussé jusqu'à un souci extrême de délicatesse, qui fait véritablement honneur à nos traditionnels penchants affectueux envers tous nos voisins.

Bien des gens même au Pérou, semblaient persuadés qu'une protestation quelconque du Brésil suffirait pour que le Congrès National péruvien rejetât le traité négocié par le pouvoir exécutif.

Les intérêts politiques locaux du département de Loreto avaient mis peut-être tous leurs espoirs en cette éventualité.

Mais, nous, nous n'avons jamais voulu chercher une semblable influence en aucun pays, et, dans le cas particulier, nous ne nous sommes jamais départis de nos sentiments affectueux dans nos entretiens, pleins de respect pour la souveraineté de la grande nation amie.

Nous n'avons donc jamais formulé la moindre protestation que le Pérou eût pu prendre réellement pour une protestation; nous nous sommes contentés de faire des observations amicales à la Chancellerie de Lima, et quand, moins par notre initiative qu'à la suite de suggestions implicites venues de ce pays, nous nous sommes décidés à les concrétiser dans un premier et unique mémorandum, nous n'avons pas donné à ce document, nous ne pouvions du reste pas le faire, une forme qui s'écartât des règles de la sympathie et de la confiance; nous nous limitâmes à y exposer des opinions qui tâchaient d'avoir une force persuasive mais s'abstenaient avec soin de laisser penser que nous désirions, d'une manière quelconque, porter atteinte à la liberté d'action d'autrui.

Je fis même davantage: j'ai rédigé, en même temps, un autre mémorandum identique, à l'intention de la Colombie, dans lequel je soulignais bien clairement que le Brésil n'était pas un obstacle à ce que la Colombie et le Pérou se décidassent pour ce qui leur paraissait être le plus profitable à leurs intérêts.

Nous avions avec celui-ci le traité de 1851 et avec celle-là le traité de 1907, et nous saurions, en toute hypothèse, rester fidèles à l'esprit cordial des deux pactes. La minute de ce mémorandum est restée dans mes archives personnelles et il en est aussi question dans les dossiers que le Ministère possède sur cette affaire.

Je m'abstins de l'envoyer à sa destination, en raison de ce fait qu'il faut souligner, que nous devions à la rigueur, à ce moment-là, limiter nos conversations au Pérou et attendre pour entamer nos pourparlers avec la Colombie d'avoir vérifié ce qui avait été prévu au traité Cobo-Enéas Martins, de façon à respecter de la manière la plus déférente l'entière liberté d'action de la Colombie.

Comme il semblait que le Congrès Péruvien tardait à approuver le traité, la Colombie commença à s'impatienter un peu, confondant peut-être la cause avec l'effet et s'imaginant que ce retard, tout naturel du reste au cours de négociations d'une telle importance, provenait d'une opposition du Brésil; j'eus, à ce moment-là, l'occasion de lire au chargé d'affaires, M. Max Grillo, le mémorandum que je n'avais pas envoyé, afin qu'il puisse constater et apprécier ainsi qu'il l'a fait la correction et la loyauté de notre pays.

Nous n'étions pas allés à Washington de *proprio motu*; nous y avions été, dirions-nous, sollicités plutôt par l'intérêt réciproque des deux parties que par le nôtre même; nous voulions faciliter, comme nous l'avons fait, une solution qui, les satisfaisant toutes deux, donnerait également satisfaction aux Etats-Unis par la réussite de leur tâche médiatrice et à nous par une garantie complète de nos droits.

Les bons offices du Département d'Etat réussirent à mettre tout ceci en harmonie d'une façon remarquable; M. Charles Evans Hughes trouva une formule politique appropriée qui fondît, pour ainsi dire, en un seul traité, — le Procès-Verbal de Washington, — les trois traités antérieurs, celui de 51 signé entre le Brésil et le Pérou, celui de 1907 entre le Brésil et la Colombie et celui de 1922 entre le Pérou et la Colombie.

La conduite du Brésil, après la signature du susdit Procès-Verbal, continua d'être rigoureusement analogue à celle qu'il avait eu toujours auparavant.

Je n'ai jamais eu le moindre doute concernant l'approbation du traité Salomon-Lozano par le Congrès Péruvien. Un acte international de cette nature, relatif à des cessions et échanges de territoires, rencontre, tout naturellement, des oppositions de la part du pays qui fait le plus gros sacrifice. L'opinion ne se rend compte que lentement des compensations, des avantages et de la justesse du contrat ; il est donc tout naturel que l'homologation par le pouvoir législatif ne soit pas rapide.

L'immense prestige personnel du président Leguia était un gage sûr de l'approbation du traité par le Congrès Péruvien, j'ai fait souvent part de mon opinion au ministre Maurtua, qui aurait peut-être préféré une autre solution, et jamais je n'ai cessé de confirmer ma manière de voir au ministre Garcia Ortiz. Lorsque, à l'expiration de mon mandat, j'ai quitté le Ministère, j'étais absolument tranquille sur les suites de l'acte de Washington.

L'approbation par le Congrès Péruvien ne tarda pas, en effet, et l'échange des ratifications entre les deux pays la suivit immédiatement.

C'était alors au Brésil d'agir, et tout s'est passé d'accord avec ce qui avait été préalablement établi

La direction habile et vigilante du ministre Mangabeira, fidèle à l'esprit de suite qui, malgré de petites intrigues insensées, de certains grincheux et cabotins sans autorité, orienta toujours les actes de la Chancellerie Brésilienne, complète l'œuvre conclue dans ses lignes générales définitives, depuis le Procès-Verbal signé à Washington.

Les considérations que vous émettez au sujet de votre chef illustre sont tout à fait justes et j'y souscris de tout cœur. Vous trouverez les mêmes opinions exposées avec tout autant de chaleur sous la rubrique « Varia », que le *Jornal do Commercio* a publiée le jour même de la signature du traité, et répétée dans son édition du dimanche 18 novembre.

Je ne veux pas quitter la plume sans souligner

encore l'importance considérable des observations contenus à la fin de votre intéressante lettre. Elles dénotent, ici encore, de votre part, un sens politique extrêmement avisé. L'argument terroriste de la présence d'un troisième co-propriétaire dans le Haut Amazone ne m'a jamais inspiré d'inquiétude. Il faudrait n'avoir aucune confiance dans l'accroissement du prestige pacifique du Brésil, dans la suite des années, pour se laisser dominer par des préoccupations d'un ordre si exclusiviste et subalterne.

Nous avons un publiciste qui devait être lu fréquemment par tous les Brésiliens dignes de ce nom : Tavares Bastos, le grand écrivain de la *Province* et des *Lettres d'un Solitaire*. La pierre de touche de notre politique internationale, à l'intérieur du continent, doit être toujours cette liberté de transit que l'insigne maître préconisa pour les régions baignées par l'Amazone et ses affluents. Tous les contretemps qui s'opposèrent à la politique impériale au Sud, dans la zone tributaire de la Plata, n'ont pas eu d'autre cause que l'antinomie de critère à cet égard dans ces régions.

Tavares Bastos protestait avec raison contre cette doctrine double qui aurait pu avoir comme conséquence de diminuer considérablement la force morale de la politique extérieure du Brésil par rapport à ses voisins.

Il serait curieux que, après avoir marché à grands pas, dans le Nord, dans le sens d'une liaison plus étroite par l'intermédiaire des fleuves, nous nous alarmions maintenant de la présence d'un riverain en plus au delà de Tabatinga et que, pris de peur, nous rebroussions en arrière, après avoir parcouru une route si généreuse.

Il suffirait d'une seconde lecture des principaux

passages de l'immortel publiciste pour nous remettre immédiatement dans la voie indiquée de main de maître, par lui, comme la plus favorable aux intérêts du progrès économique du Nord brésilien et aux convenances supérieures de l'expansion pacifique du prestige de notre nationalité.

C'est à l'obligation morale inéluctable qui nous incombe, en vertu de la nouvelle situation créée par le traité récemment signé à Rio, que nous devons dorénavant prêter le plus d'attention. Il nous faut abandonner toute politique d'incurie et de négligence pour en suivre une toute différente, c'est-à-dire une politique de travail et d'activité qui ennoblisse notre coopération dans le progrès de ces immenses régions pleines de possibilités et de richesses.

Fasse le Ciel que notre Gouvernement comprenne et mesure cette immense projection des destins du Brésil, non seulement à ce point précis de notre territoire, mais encore, plus au Sud, où les intérêts de notre liaison avec le Pacifique, à travers la Bolivie, ne sont ni minimes ni moins importants, ce qu'avait parfaitement compris d'ailleurs l'administration passée.

Pardonnez-moi la longueur de ces lignes, écrites au courant de la plume, dans un appartement loué, loin de mes archives et de mes livres.

Veuillez avoir la bonté de présenter à Mme Hermes les hommages respectueux de ma femme, ainsi que les miens, et d'agréer l'assurance des sentiments avec lesquels j'ai l'honneur d'être.

Félix Pacheco.

LA LETTRE DE M. FONSECA HERMES

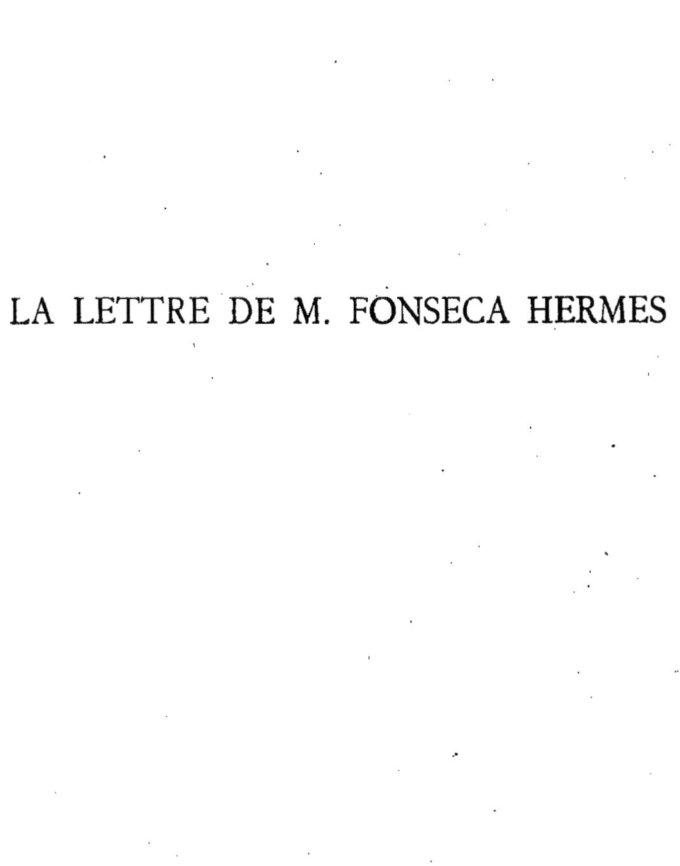

Rome, le 20 novembre 1928.

A son Excellence M. Félix PACHECO.

Excellence,

Il y a quelques jours, des journaux européens annonçaient la signature du traité d'après lequel la frontière entre le Brésil et la Colombie avait été définitivement établie. Une dépêche circulaire du Ministère des Affaires Etrangères, reçue par l'intermédiaire de l'Ambassade du Brésil à Londres, nous a confirmé cette agréable nouvelle.

Ma première pensée, lorsque j'ai eu la confirmation officielle de cette victoire diplomatique brésilienne, est allée à la personne de Votre Excellence, et je me suis rappelé la généreuse réponse de Jésus aux Pharisiens, qui lui demandaient insidieusement s'ils devaient payer les impôts à César : *Redde Cœsari quæ sunt Cœsaris et quæ sunt Dei, Deo.*

Nous devons à l'actuel Chancelier le grand service d'avoir saisi la portée de ce traité et de l'avoir obtenu d'une façon glorieuse pour le Brésil.

C'est un grand tort de nos hommes politiques que de vouloir toujours agir différemment de leurs prédécesseurs; ils interrompent de la sorte des travaux commencés et donnent une direction nouvelle aux principes suivis jusqu'à leur avènement aux postes élevés de l'administration publique.

M. Mangabeira a été une digne et louable exception. Honneur et hommages lui soient rendus.

Celui qui, comme moi, a tâché de suivre avec intérêt notre politique internationale sait bien que l'on doit à Votre Excellence la solution des graves difficultés contre lesquelles Votre Excellence a dû lutter, au point de vue de la politique intérieure aussi bien que de la politique extérieure, pour que nous arrivions à la possibilité de cet accord.

La ligne droite tracée depuis le Tabatinga jusqu'au Japurá, à la hauteur de l'Apaporis, fut établie comme limite entre le Brésil et le Pérou par le traité de 1851.

Postérieurement, d'après le traité signé à Bogotá par le regretté Dr Enéas Martins, en 1907, nous avons soumis la démarcation de nos limites avec la Colombie, aux éventualités et à la solution des questions de frontières encore pendantes entre la Colombie et les républiques du Pérou et de l'Equateur.

La Colombie a réglé ce différend avec le Pérou, moyennant la cession du territoire voisin, dont les limites avaient été fixées entre le Pérou et le Brésil.

C'est Votre Excellence qui a amené la Colombie à accepter ces limites, à reconnaître cet accord, qui intéressait nos frontières, et à soumettre la validité du traité entre la Colombie et le Pérou à sa reconnaissance par le Brésil, vu que le territoire cédé à la Colombie avait été reconnu par nous comme propriété péruvienne et les limites respectives avec le Brésil avaient été fixées avec son ancien possesseur.

Ce n'est guère le moment de rappeler les péripéties des pourparlers laborieux et si bien menés jusqu'au Procès-Verbal de Washington, surtout lorsque je m'adresse à Votre Excellence qui, mieux que personne, connaît cette affaire.

L'obstacle principal consistait, dans la crainte de

quelques esprits, au point de vue des difficultés futures pour le Brésil, qui laissait converger vers un seul point — Tabatinga, aussi lointain qu'important, et qui doit être considérée comme la clé de la navigation fluviale du bassin de l'Amazone — les frontières, la souveraineté, le condominium riverain de deux voisins.

J'ignore les arguments et les raisons que Votre Excellence a su employer pour dissiper cette crainte.

Les considérations que j'ai faites sur le danger que cette concurrence pourrait entraîner, sous le rapport des limites, de la navigation, des intérêts, des bénéfices et des compétitions et obligations pour le Brésil, m'ont poussé à écarter, d'une façon complète, l'idée de ce danger.

Je trouve, d'ailleurs, que le Brésil, bien plus fort et plus peuplé depuis longtemps que ses deux voisins qui se rencontrent dans les limites de Tabatinga, a une tendance naturelle à progresser plus rapidement que tout autre pays américain, en population, en richesse et en prestige international.

Nous aurons évidemment quelques soucis en plus et des occupations plus étendues et permanentes dans cette zone, occupation et préoccupation qui produiront automatiquement la civilisation et des bénéfices en faveur de ces contrées lointaines et dépeuplées; mais au lieu d'être une menace pour notre tranquillité, cette convergence sera pour nous un puissant instrument de civilisation et un élément favorable à une plus grande pénétration mutuelle des peuples américains et à la consolidation de la paix continentale, puisque cet idéal, qui a des racines profondes, s'identifie harmonieusement avec la mentalité de nos hommes d'Etat. C'est un postulat de notre Charte politique, qui se reflète dans les sentiments de notre peuple.

Loin d'être un obstacle ou un désavantage pour notre navigation et notre commerce, cette concurrence de vitalités est, à mon avis, un gage et une source de richesses.

Notre prestige pacifique, notre commerce et nos voies de communication, aussi bien que notre politique, trouveront, dans cette concurrence largement ouverte la route susceptible de relier le Pacifique à l'Atlantique.

Nous consacrons et réalisons ainsi au Nord, d'une façon spontanée et loyale, l'idéal pour lequel nous avons toujours combattu au Sud.

Elle est donc évidente la grande portée politique de ce traité dont Votre Excellence a rendu possible la réalisation.

En conséquence de cette convergence dans Tabatinga, notre prestige s'étend fermement aujourd'hui aux républiques du Pacifique, comme nous n'aurions jamais pu le supposer.

C'est avec grand plaisir que je prie Votre Excellence d'accepter mes plus sincères félicitations pour la signature de ce traité, qui vient clore le cycle des négociations pacifiques, en ce qui concerne la fixation définitive de nos frontières, puisque nous avons terminé de cette sorte la construction formidable du cadre géographique du Brésil.

Je profite de l'agréable opportunité pour réitérer à Votre Excellence l'assurance de ma respectueuse considération et de mon amitié.

ANNEXES

(Rapport du Ministère des Affaires Etrangères, An. 1924-1925, Annexe A, n° 34 et n° 35)

PROCÈS-VERBAL SIGNÉ A WASHINGTON

LE 4 MARS 1925, ENTRE LES REPRÉSENTANTS DU BRÉSIL, DES ÉTATS-UNIS, DE LA COLOMBIE ET DU PÉROU.

PROCÈS-VERBAL

D'UNE RÉUNION QUI A EU LIEU ENTRE M. CHARLES E. HUGHES, SECRÉTAIRE D'ÉTAT DES ÉTATS-UNIS, LE Dr HERNAN VELARDE, AMBASSADEUR EXTRAORDINAIRE ET PLÉNIPOTENTIAIRE DU PÉROU, LE Dr HENRI OLAYA, ENVOYÉ EXTRAORDINAIRE ET MINISTRE PLÉNIPOTENTIAIRE DE COLOMBIE, ET M. SAMUEL SOUZA LEAO GRACIE, CHARGÉ D'AFFAIRES INTÉRIMAIRE DU BRÉSIL.

Le 4 mars 1925, les Drs Hernan Velarde et Henri Olaya et M. Samuel Souza Leao Gracie, ambassadeur extraordinaire et plénipotentiaire du Pérou, envoyé extraordinaire et ministre plénipotentiaire de Colombie et chargé d'affaires intérimaire du Brésil, s'étant réunis à Washington, à l'invitation du Secrétaire d'État des États-Unis, dans son bureau, à 5 heures de l'après-midi.

M. Hughes a déclaré qu'il avait invité MM. Velarde, Olaya et Gracie à son bureau pour examiner ensemble le traité de limites entre la Colombie et le Pérou, signé à Lima le 14 mars 1922, sur lequel des observations amicales avaient été faites au Gouvernement du Pérou par le Gouvernement du Brésil.

M. Hughes a déclaré que les trois gouvernements intéressés avaient sollicité ses bons offices pour la solution de cette affaire et qu'après avoir étudié consciencieusement la question, il désirait suggérer, à titre de solution des difficultés, ce qui suit :

1o Le retrait, de la part du Brésil, des observations qu'il avait faites au sujet du Traité de Limites entre la Colombie et le Pérou;

2o La ratification par la Colombie et le Pérou du Traité de Limites susmentionné;

3o La signature d'une Convention entre le Brésil et la Colombie, d'après laquelle la limite entre ces pays serait fixée sur la ligne Apaporis-Tabatinga.

Le Brésil, acceptant d'établir à perpétuité, en faveur de la Colombie, la libre navigation de l'Amazone et d'autres fleuves communs aux deux pays, M. Gracie a déclaré, alors, qu'il était autorisé par son Gouvernement à accepter la suggestion amiable que le Secrétaire d'État venait de faire et qu'il avait reçu des instructions de son Gouvernement pour informer l'Ambassadeur péruvien que le Brésil retirait les observations faites au sujet du traité entre la Colombie et le Pérou susmentionné, du moment qu'il fût bien entendu que le Pérou établirait, comme condition du règlement de sa question de limites avec la Colombie, la reconnaissance de la ligne Apaporis-Tabatinga, ainsi qu'elle est décrite par le traité de 1851, et conséquemment la domination du Brésil sur le territoire situé à l'est de cette ligne. M. Gracie a ajouté que, si la Colombie reconnaît la ligne Apaporis-Tabatinga susdite, le Brésil est tout disposé à accepter ladite convention et à établir, à perpétuité, en faveur de la Colombie, la libre navigation de l'Amazone et d'autres fleuves communs aux deux pays.

Le Dr Olaya a déclaré, alors, qu'il se trouvait autorisé par son Gouvernement à accepter la suggestion amiable que venait de faire le Secrétaire d'Etat. Le Dr Olaya a ajouté qu'il était autorisé à déclarer que, pourvu que le traité du 24 mars 1922, entre la Colombie et le Pérou soit ratifié par les deux Gouvernements, le Gouvernement de la Colombie est d'accord pour conclure immédiatement après un traité avec le Brésil, reconnaissant comme frontière entre les deux pays le village de Tabatinga et de cet endroit vers le Nord, la ligne droite jusqu'à la rivière Japura en son confluent avec l'Apaporis, et, conséquemment, la domination brésilienne à l'est de cette ligne et il sera bien entendu que le Brésil, d'après le même traité, consentira à établir, à perpétuité, en faveur de la Colombie, la libre navigation de l'Amazone et d'autres fleuves communs aux deux pays.

Le Dr Velarde a déclaré, alors, qu'il était également autorisé à accepter, au nom de son Gouvernement, la suggestion amiable que le Secrétaire d'État venait de faire et que son Gouvernement en référerait au Congrès Péruvien, tout en recommandant de nouveau qu'il approuve le Traité de Limites avec la Colombie.

L'Ambassadeur du Pérou, le Ministre de la Colombie et le Chargé d'Affaires intérimaire du Brésil ont déclaré, alors, qu'ils désiraient exprimer la gratitude de leurs Gouvernements respectifs pour les bons offices du Secrétaire d'État, accomplis d'une façon si amicale, dans l'intérêt d'un accord entre les trois Républiques intéressées, pour la solution des questions discutées lors de la réunion dont il s'agit dans ce procès-verbal.

Le procès-verbal de la réunion, fait en quatre exemplaires, en portugais, anglais et espagnol, a été signé par le Secrétaire d'État des États-Unis, l'Ambassadeur du Pérou, le Ministre de Colombie et le Chargé d'Affaires du Brésil.

Il est bien entendu que, en cas de doute, le texte anglais prévaudra.

Un exemplaire en chacune de ces langues sera déposé aux Archives du Département, par le Secrétaire d'État, et les trois autres exemplaires seront remis, en chacune des langues susdites, à l'Ambassadeur du Pérou, au Ministre de Colombie et au Chargé d'Affaires intérimaire du Brésil, pour leurs Gouvernements respectifs.

Charles E. HUGHES
Hernan VELARDE
Enrique OLAYA
Samuel SOUZA LEAO GRACIE

Note du Secrétaire d'État des États-Unis, le 4 mars 1925, envoyant les textes du procès-verbal a l'ambassade du Brésil a Washington.

Monsieur,

J'ai l'honneur d'envoyer ci-inclus les exemplaires originaux destinés à votre Gouvernement, du procès-verbal, en anglais, espagnol et portugais, signé à mon bureau, aujourd'hui, par vous, par l'Ambassadeur du Pérou, par le Ministre de Colombie et par moi.

En ce qui concerne la troisième suggestion, faite par moi, que le Brésil et la Colombie signent une Convention d'après laquelle la frontière entre les deux pays soit fixée sur la ligne Apaporis-Tabatinga, le Brésil, acceptant d'établir, à perpétuité, en faveur de la Colombie, la libre navigation de l'Amazone et d'autres fleuves communs aux deux pays, j'ai l'honneur de vous informer qu'il est naturellement entendu que la signature de cette convention suivra la ratification par la Colombie et par le Pérou du Traité de Limites conclu entre ces deux pays le 24 mars 1922.

A ce point de vue, j'ai l'honneur de vous informer que le Ministre de Colombie m'a renouvelé la déclaration, faite à la réunion d'aujourd'hui, que son Gouvernement conclura ledit traité avec le Brésil, immédiatement après la ratification par le Pérou du Traité de Limites entre la Colombie et le Pérou.

Une note identique a été envoyée par moi à l'Ambassadeur du Pérou et au Ministre de Colombie.

Veuillez agréer, Monsieur, l'assurance de ma haute considération.

Charles HUGHES.

L. DE SOYE, Imprimeur,
18, rue des Fossés-St-Jacques

www.ingramcontent.com/pod-product-compliance
Ingram Content Group UK Ltd.
Pitfield, Milton Keynes, MK11 3LW, UK
UKHW022152170726
13837UKWH00004B/1942